LSD. IL MIO CASTELLO DI SABBIA EMOTIVO:

LE AZIONI PSICHEDELICHE DI POTERE TRA LE MOLECOLE DI ALBERT HOFMANN

LUCA DENARO

LSD. IL MIO CASTELLO DI SABBIA EMOTIVO : LE AZIONI PSICHEDELICHE
DI POTERE TRA LE MOLECOLE DI ALBERT HOFMANN

Codice ISBN: 9798320119663

INDICE

INTRODUZIONE

La mia storia non è un invito all'uso di droghe. È un invito a riscoprire il potere della nostra immaginazione, a non lasciarla soffocare dalla razionalità e dalle convenzioni sociali.

È un invito a trovare un equilibrio tra le diverse parti di noi stessi, a vivere una vita piena e colorata, a non aver paura di sognare.

Come diceva Albert Einstein: "L'immaginazione è più importante della conoscenza. La conoscenza è limitata, mentre l'immaginazione abbraccia l'intero mondo, stimolando il progresso e dando vita all'evoluzione."

L'LSD mi ha insegnato a dare valore alla mia immaginazione, a usarla per creare una vita più ricca

L'esperienza con l'LSD non è stata una semplice fuga dalla realtà, ma un viaggio introspettivo di grande valore. Mi ha permesso di sbloccare la mia sana immaginazione, di vedere oltre le apparenze e di trovare una profonda pace interiore.

Non sono un medico e non incoraggio l'uso di droghe illegali. Tuttavia, credo che l'LSD possa essere un potente strumento di crescita personale, se utilizzato con consapevolezza e in un contesto sicuro.

L'esperienza mi ha insegnato che la mente umana è un universo sconfinato, pieno di segreti e di meraviglie. E che l'immaginazione è la chiave per accedere a questo universo, per esplorarlo e per trarne insegnamenti preziosi.

«Mi sono sdraiato e sono sprofondato in uno stato di intossicazione niente affatto spiacevole, marcato da un'immaginazione particolarmente vivida». Il chimico svizzero Albert Hofmann ricordò con queste parole la sua prima assunzione involontaria di LSD (dal tedesco LysergSäureDiethylamid, in italiano dietilamide dell'acido lisergico), avvenuta a Basilea, in Svizzera, il 16 aprile del 1943:

ottant'anni fa.

È interessante notare come Hofmann descriva la sua esperienza con l'LSD come "non affatto spiacevole", anzi, caratterizzata da una "immaginazione particolarmente vivida". Questo evidenzia come gli effetti di questa sostanza possano variare a seconda dell'individuo e del contesto in cui viene assunta.

La scoperta accidentale dell'LSD da parte di Hofmann è un evento che ha avuto un impatto significativo sulla storia della cultura e della medicina. Da un lato, l'LSD è diventato una droga d'abuso negli anni '60 e '70, con conseguenze negative per la salute mentale e fisica di molte persone. Dall'altro, negli ultimi anni c'è stato un rinnovato interesse per le sue potenziali applicazioni terapeutiche nel trattamento di disturbi come l'ansia, la depressione e il trauma psicologico.

LSD. IL MIO CASTELLO DI SABBIA EMOTIVO : LE AZIONI PSICHEDELICHE DI POTERE TRA LE MOLECOLE DI ALBERT HOFMANN

LSD. IL MIO CASTELLO DI SABBIA EMOTIVO : LE AZIONI PSICHEDELICHE DI POTERE TRA LE MOLECOLE DI ALBERT HOFMANN

È importante ricordare che l'LSD è una sostanza potente e che il suo uso può essere rischioso. Se si sta pensando di assumerla, è fondamentale consultare un medico o un altro professionista della salute mentale per valutare i potenziali benefici e rischi.

L'LSD è una sostanza complessa con una storia affascinante e controversa. È importante ricordare che il suo uso può essere rischioso e che è fondamentale consultare un medico o un altro professionista della salute mentale prima di assumerla.

Inoltre, è importante sottolineare che l'uso di droghe illegali è illegale e può avere gravi conseguenze penali.

Non si tratta di un semplice manuale d'uso o di una banale storia di fantascienza.

Questo libro vi condurrà in un viaggio avvincente attraverso la chimica, la storia e l'impatto emotivo dell'LSD. Esploreremo le profondità del cervello umano, svelando i segreti della percezione e della coscienza.

Preparatevi a immergervi in un'avventura che vi farà dubitare della vostra stessa realtà.

Viaggeremo attraverso la storia, incontrando la figura iconica di Albert Hofmann. Ci confronteremo con le controversie e i pericoli legati all'LSD, ma anche con il suo potenziale terapeutico e le sue profonde implicazioni filosofiche.

La chiave per questo viaggio è la vostra mente.

Apritela e lasciatevi guidare dalla suspence e dall'emozione. Insieme, sveleremo i misteri dell'LSD e del suo potere di trasformare la nostra comprensione del sé e del mondo che ci circonda.

Immaginate di varcare la soglia di un mondo sconosciuto, dove le leggi della fisica ordinaria si dissolvono e la realtà si espande in una miriade di possibilità.

I sensi si amplificano, i confini si sfumano e la mente si apre a nuove connessioni e intuizioni......

Immaginate un mondo nascosto all'interno del vostro cervello, un regno enigmatico governato da sostanze chimiche misteriose. In questo regno, una singola molecola può assumere il controllo, trasformando la vostra realtà in un caleidoscopio di colori, distorcendo i vostri sensi e catapultandovi in un viaggio psichedelico senza precedenti.

Questa molecola, conosciuta come LSD o acido lisergico, ha scatenato una rivoluzione nella nostra comprensione della mente umana. Sintetizzata per la prima volta nel 1938 dallo scienziato svizzero Albert Hofmann, questa sostanza ha aperto le porte a un mondo di esperienze fino ad allora inimmaginabili.

L'LSD, o dietilamide dell'acido lisergico, è una sostanza psicoattiva che ha avuto un impatto significativo sulla cultura e sulla società del XX secolo. La sua storia è ricca di fascino e controversie, intrecciando la ricerca scientifica con le esperienze artistiche e spirituali.

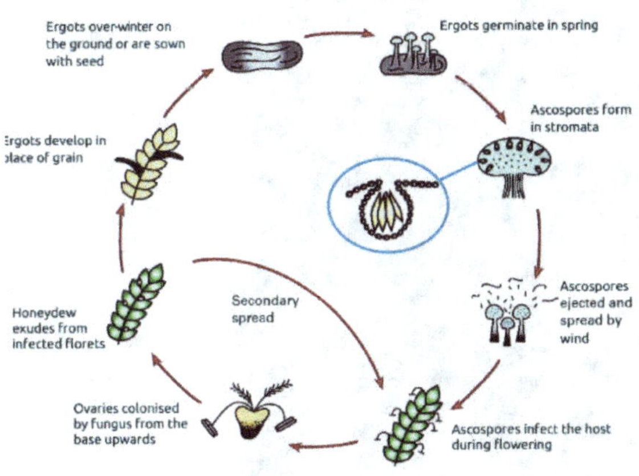

Nel 1943, il chimico svizzero Albert Hofmann sintetizzò accidentalmente l'LSD mentre lavorava su un derivato della segale cornuta. Cinque anni dopo, nel 1948, ne sperimentò gli effetti psichedelici per la prima volta, aprendo le porte a un nuovo mondo di esplorazione interiore.

Le esperienze di Hofmann con l'LSD furono intense e rivoluzionarie. Descrisse vivide allucinazioni visive e uditive, un senso di profonda connessione con l'universo e una nuova comprensione della natura della coscienza.

Dagli anni '50 in poi, l'LSD venne utilizzato in psichiatria per il trattamento di diverse condizioni, tra cui ansia, depressione, dipendenze e disturbi post-traumatici. I risultati iniziali furono promettenti, ma l'uso incontrollato e la mancanza di rigore scientifico ne decretarono il divieto negli anni '60.

Il Segreto degli Antichi

L'utilizzo di sostanze psicoattive per rituali spirituali e di guarigione affonda le sue radici nella notte dei tempi. In molte culture, queste sostanze erano considerate sacre e utilizzate per comunicare con il mondo degli spiriti, per ottenere una visione più profonda della realtà e per accedere a stati di coscienza alterati che favorivano la guarigione fisica e psicologica.

Tra le culture che utilizzavano l'LSD per scopi spirituali, troviamo le tribù Inca. L'LSD, in questo caso, veniva estratto da un fungo chiamato ololiuqui, conosciuto anche come "erba degli dei". Gli sciamani Inca lo utilizzavano durante cerimonie religiose per comunicare con gli spiriti, per ottenere visioni profetiche e per diagnosticare malattie.

L'ololiuqui era considerato un dono degli dei e il suo utilizzo era riservato a sciamani e iniziati. La preparazione del rituale era molto rigorosa e prevedeva la purificazione del corpo e della mente attraverso digiuni, preghiere e canti. Il consumo dell'ololiuqui avveniva in un ambiente sicuro e controllato, sotto la supervisione di uno sciamano esperto.

L'esperienza con l'LSD poteva essere molto intensa e durare diverse ore. I partecipanti al rituale riferivano di avere visioni vivide e colorate, di sentirsi in contatto con il mondo degli spiriti e di avere una profonda comprensione di sé stessi e del mondo che li circondava.

Oltre alle tribù Inca, anche altri popoli utilizzavano l'LSD per scopi spirituali. Tra questi, ricordiamo gli Aztechi, i Maya e i Navajo. In tutte queste culture, l'LSD era considerato una sostanza sacra e il suo utilizzo era strettamente legato alla religione e alla spiritualità.

Dalla sua scoperta nel 1938, l'LSD ha avuto un percorso travagliato, oscillando tra il promettente campo della terapia e la controversa sfera dell'uso ricreativo.

Negli anni '50 e '60, le sue potenzialità terapeutiche suscitarono grande interesse nelle case farmaceutiche, che iniziarono a studiarne l'utilizzo per il trattamento di diverse patologie.

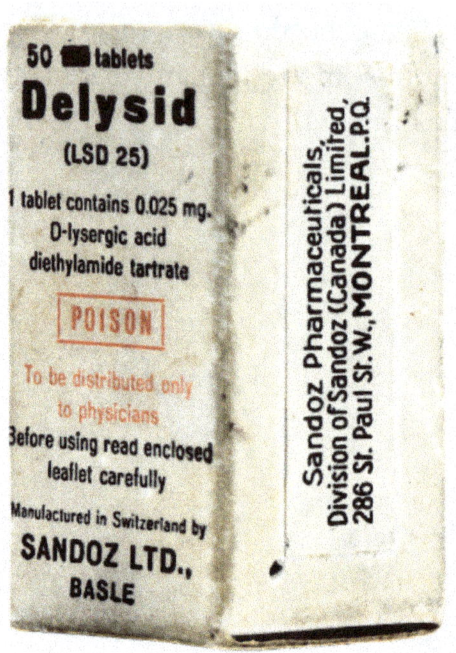

L'LSD si dimostrò efficace nel trattamento di disturbi come l'ansia, la depressione, l'alcolismo e il disturbo da stress post-traumatico. I pazienti che assumevano LSD in un contesto terapeutico sicuro riferivano di avere esperienze profonde e significative che li aiutavano a comprendere meglio sé stessi e le loro emozioni. Inoltre, l'LSD sembrava facilitare la rimozione di blocchi psicologici e la riconciliazione con traumi passati.

Tuttavia, l'utilizzo ricreativo incontrollato dell'LSD, spesso associato a controculture e movimenti di protesta, ne determinò la classificazione come sostanza illegale negli anni '70.

La "Guerra alla Droga" e la pressione politica contribuirono a criminalizzare l'LSD, ostacolandone la ricerca e lo sviluppo terapeutico.

Enigma tra Scienza, Coscienza e Spiritualità

L'LSD rimane una sostanza enigmatica, capace di suscitare fascino e timore allo stesso tempo. Il suo potenziale terapeutico, seppur ostacolato da decenni di divieti e stigma sociale, continua ad alimentare la speranza di nuove cure per diverse patologie mentali.

L'esperienza con l'LSD può essere un viaggio introspettivo intenso e imprevedibile, capace di svelare nuovi angoli della mente e di connetterci con la nostra parte più profonda. In un contesto terapeutico sicuro, questa esperienza può facilitare la crescita personale, la guarigione da traumi e la riconciliazione con sé stessi.

L'LSD ci permette di esplorare i confini della nostra coscienza, interrogandoci sulla natura della realtà e sul rapporto tra mente e corpo. Le sue proprietà psichedeliche ci offrono l'opportunità di sperimentare la realtà in modo nuovo, ampliando la nostra percezione e aprendoci a nuove possibilità.

La storia dell'LSD ci invita a riflettere sul ruolo dell'immaginazione nella nostra vita. In che modo possiamo sfruttare il suo potenziale per la crescita personale e la guarigione? Come possiamo integrare le sue lezioni nella nostra società?

Accenno alla Chimica

L'LSD, o dietilammide dell'acido lisergico, è una sostanza psichedelica sintetica derivata dall'ergot, un fungo che cresce sulla segale e su altre graminacee. La sua struttura chimica è caratterizzata da un anello indolico e da una catena etilamidica. L'LSD è una molecola piccola e stabile,

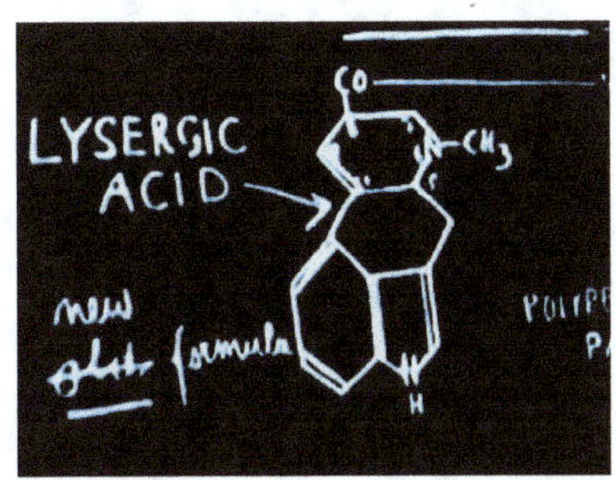

inodore e insapore, che si presenta come un cristallo bianco o incolore.

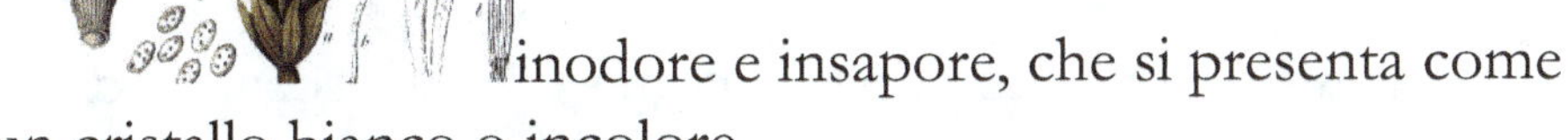

La sintesi dell'LSD è un processo complesso e richiede competenze chimiche avanzate. Le materie prime sono l'acido lisergico, estratto dall'ergot, e l'etilammina. La sintesi avviene in più fasi e richiede l'utilizzo di reagenti chimici pericolosi.

CAPITOLO 1

GLI EMISFERI DEL CERVELLO

Immaginate il vostro cervello come un palcoscenico, dove due ballerini, Forma e Colore, si esibiscono in una danza eterna.

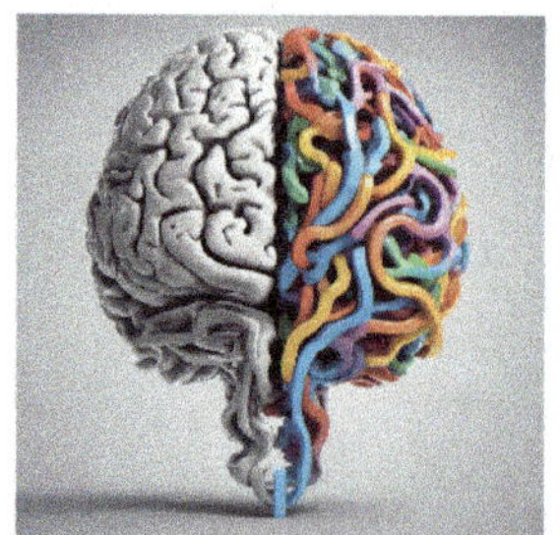

Sul palcoscenico del cervello, due ballerini danzano un'eterna coreografia: Forma e Colore, due entità distinte eppure complementari, che incarnano le due anime del nostro intelletto.

La Forma, con movenze precise e calcolate, rappresenta la razionalità, l'ordine e la programmazione. È l'emisfero sinistro del cervello, la sede della logica, del linguaggio e dell'analisi. È lui che ci permette di ragionare, di risolvere problemi e di pianificare le nostre azioni. È la mente matematica che scandisce il tempo con metronomo, ordinando il mondo in schemi e categorie.

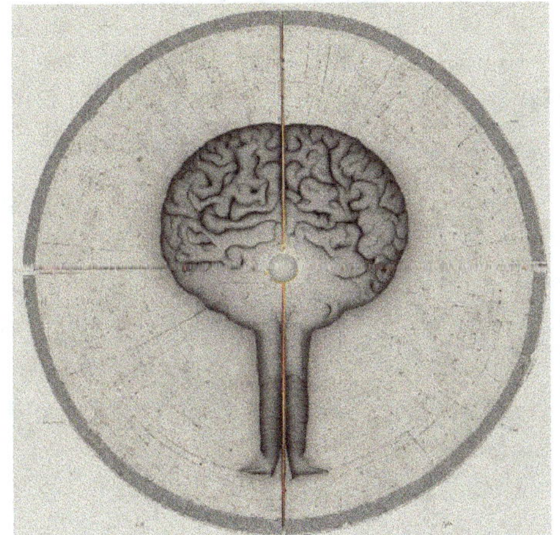

Il Colore, invece, irrompe sulla scena con pennellate di vivacità e improvvisazione. È l'emisfero destro, il regno della creatività, dell'arte e della libertà. È qui che nascono le intuizioni, le emozioni e la capacità di vedere il mondo "oltre". Il Colore non conosce la rigidità delle regole, ma si lascia guidare dall'ispirazione e dal flusso del momento.

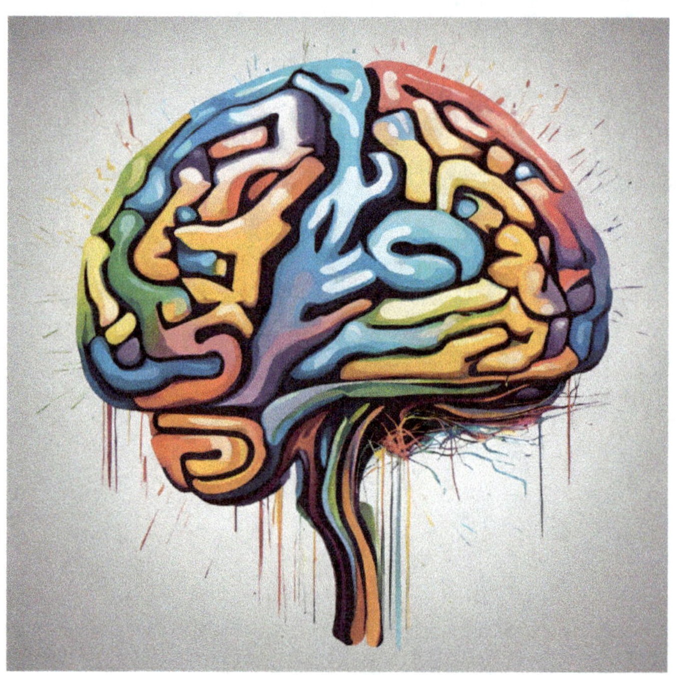

Forma e Colore Insieme

Insieme, Forma e Colore compongono un'armonia perfetta. La razionalità della Forma fornisce struttura e stabilità alla creatività del Colore, mentre la fantasia del Colore infonde vita e passione alla fredda logica della Forma. È questa sinergia che ci permette di essere esseri umani completi, capaci di ragionare e di sognare, di analizzare e di creare.

L'equilibrio tra questi due ballerini è fondamentale per il nostro benessere. Se la Forma prende il sopravvento, diventiamo rigidi e razionali, incapaci di cogliere la bellezza e la complessità del mondo. Se invece è il Colore a dominare, rischiamo di perderci nell'irrazionalità e nel caos.

**LSD. IL MIO CASTELLO DI SABBIA EMOTIVO : LE AZIONI PSICHEDELICHE
DI POTERE TRA LE MOLECOLE DI ALBERT HOFMANN**

**LSD. IL MIO CASTELLO DI SABBIA EMOTIVO : LE AZIONI PSICHEDELICHE
DI POTERE TRA LE MOLECOLE DI ALBERT HOFMANN**

Equilibrio tra Forma e Colore

La sfida è trovare un equilibrio, coltivando entrambi gli aspetti del nostro intelletto. Dobbiamo imparare a utilizzare la razionalità per dare forma alle nostre idee creative, e allo stesso tempo lasciarci guidare dall'intuito per esplorare nuovi sentieri.

L'arte è un esempio perfetto di questa sinergia. L'artista, infatti, utilizza la sua razionalità per padroneggiare le tecniche e gli strumenti del suo mestiere, ma allo stesso tempo si lascia ispirare dall'emozionc c dalla creatività per dar vita a opere uniche e originali.

Infanzia e Colore

Fin dalla nascita, il bambino è immerso in un mondo di colori, esplorando con stupore e gioia la sensorialità del suo piccolo universo. La fantasia regna sovrana, permettendogli di trasformare una coperta in un castello incantato o un bastone in una spada magica. In questa fase, la parte "colorata" del cervello danza libera e selvaggia, senza il peso della razionalità.

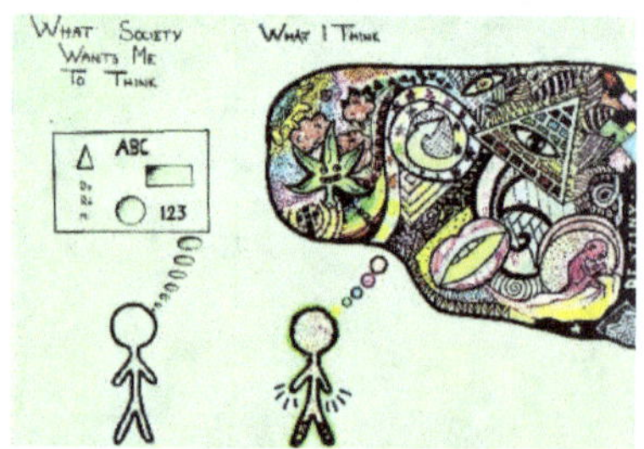

Ma crescendo, la danza cambia. Le responsabilità, le regole e le aspettative della società iniziano a imporre la loro forma. La scuola, la famiglia e le esperienze di vita ci insegnano a incanalare la nostra creatività, a seguire schemi e a privilegiare la logica. La parte "colorata" del cervello viene gradualmente messa in secondo piano, spesso relegata a un ruolo marginale.

Eppure, la "parte colorata" del nostro cervello non smette mai di esistere. Rimane lì, sopita, in attesa di essere risvegliata.

CAPITOLO 2

ASSUNZIONE

Il sole calava pigro all'orizzonte, tingendo di rosa le nuvole e il mare che lambiva la spiaggia. Un'ultima carezza calda prima di scivolare via nel buio della notte. Era il momento perfetto per iniziare il mio viaggio introspettivo. Un senso di trepidante attesa pervadeva il mio animo, un misto di eccitazione e timore reverenziale per l'ignoto che mi attendeva.

Ingerii il piccolo cerotto, un minuscolo frammento di possibilità che pulsava silenziosamente sulla mia pelle. L'attesa divenne allora trepidante incertezza, un'insofferenza mista a curiosità che cresceva ad ogni secondo. I primi effetti si manifestarono come un leggero formicolio alle mani, un'onda di calore che attraversava il mio corpo come una corrente elettrica. I suoni si intensificarono, assumendo una qualità quasi onirica. Il canto degli uccelli si trasformava in una sinfonia celestiale, il fruscio delle foglie in un sussurro di segreti.

LSD. IL MIO CASTELLO DI SABBIA EMOTIVO : LE AZIONI PSICHEDELICHE DI POTERE TRA LE MOLECOLE DI ALBERT HOFMANN

LSD. IL MIO CASTELLO DI SABBIA EMOTIVO : LE AZIONI PSICHEDELICHE DI POTERE TRA LE MOLECOLE DI ALBERT HOFMANN

Un paradiso Di Colori

Un velo sottile si stese davanti ai miei occhi, alterando la percezione della realtà. Le forme si facevano fluide, i colori vibranti, come se il mondo si fosse dipinto di una nuova luce. Un'incredibile sensazione di pace interiore pervase il mio essere, una calma profonda che mi avvolgeva come un morbido mantello.

La paura iniziale di non avvertire alcun effetto si dissolse rapidamente, lasciando spazio a una serena e lucida consapevolezza.

La Corrente Delle Sensazioni

Chiusi gli occhi e mi lasciai trasportare dalla corrente di sensazioni che mi attraversava. Immagini del mio passato si susseguivano davanti a me, come in un film. Ricordi felici e dolorosi, esperienze che avevano forgiato la mia persona.

Li osservavo con distacco, senza giudizio, consapevole che facevano parte di me. Un'infanzia felice, l'amore dei miei genitori, le prime esperienze scolastiche, l'amicizia, la scoperta dell'amore. E poi le prime delusioni, le perdite, le sfide, i dolori. Un'intera vita riassunta in un caleidoscopio di emozioni.

Il Tramonto

Dopo un tempo indefinito, aprii gli occhi. Il sole era ormai tramontato e il cielo si tingeva di sfumature di viola e arancione.

La spiaggia era deserta, il mare calmo e silenzioso. Mi sentivo diverso, come se fossi rinato. La mia mente era più lucida, il mio cuore più aperto. Avevo una nuova comprensione di me stesso, dei miei desideri e delle mie paure.

Gratitudine

Mi alzai e camminai sulla spiaggia, immerso nella quiete della sera. L'aria fresca mi accarezzava il viso, il suono delle onde che si infrangevano sulla riva era un ritmo ipnotico.

Un senso di profonda gratitudine pervadeva il mio essere. Ero grato per la vita, per la bellezza del mondo che mi circondava, per l'opportunità di aver potuto vivere questo viaggio introspettivo.

La Prima Allucinazione Visiva

Mentre camminavo, notai una strana luce che proveniva dalla mia casa. Una luce fioca e pulsante, come un faro nella notte. Mi avvicinai incuriosito e varcai la soglia. La luce proveniva dal salotto, dove una strana carta da poker giaceva a terra. La presi in mano e la osservai con attenzione. Era un sette, un numero semplice eppure carico di significato.

Un brivido mi percorse la schiena. Il sette era il numero della mia fortuna, il numero che mi accompagnava da sempre. Un numero che rappresentava la perfezione, l'equilibrio, la completezza. Che cosa significava? Era un messaggio, un indizio, una profezia?

Non lo sapevo, ma una cosa era certa: il mio viaggio era solo all'inizio.

ia anima.

CAPITOLO 3
LA MATTINA SEGUENTE

L'esperienza intensa era durata l'intera notte. Non avevo dormito, eppure il tempo era passato velocemente, quasi impercettibilmente. Una quiete profonda pervadeva il mio essere e l'ambiente circostante. Non ero consapevole di ciò che stava accadendo dentro di me, ma percepivo una sensazione di pace e di armonia interiore.

I colori dell'alba, già di per sé vividi e spettacolari, mi apparivano ancora più intensi.

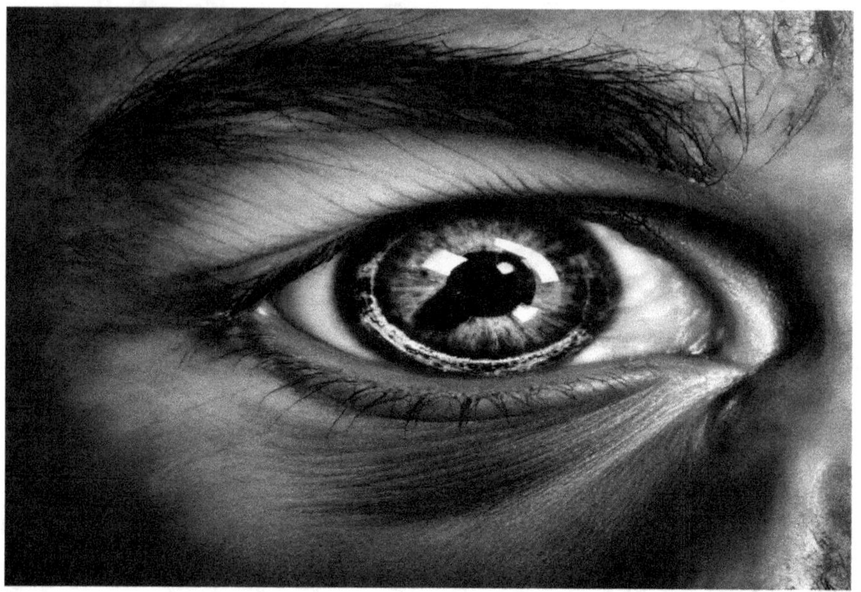

Attraverso la fotocamera del telefono mi feci un selfi e notai come i miei occhi o meglio le mie pupille fossero estremamente dilatate.. rimasi sorpreso e stupito e continuai a godermi l'albeggi. Quei colori mi davano più energia interiore come se la mia anima stesse nascendo in quel momento, un senso di adrenalina misto a stupore. L'adrenalina non era dentro il mio corpo ma dentro la mia anima.

Sensazione Paradisiaca

Appena i primi raggi di sole iniziarono a tingere il cielo, mi attivai con una sensazione di energia e di vitalità che non avevo mai provato prima. Il mio corpo era leggero, quasi come se fluttuasse nell'aria. I suoni della natura che mi circondavano, il canto degli uccelli, il fruscio delle foglie, mi apparivano più nitidi e cristallini.

Uscito da casa , mi resi conto che i colori dell'alba, già di per sé vividi e spettacolari, mi apparivano ancora più intensi. Le sfumature del rosa, dell'arancione e del giallo si mescolavano in un vortice di luce che abbagliava i miei occhi.

Selfie

Presi il telefono per scattare un selfie e immortalare questo momento magico. Ma quando guardai lo schermo, notai con sorpresa che le mie pupille erano ancora estremamente dilatate. Erano nere come la notte, e occupavano quasi l'intera superficie dei miei occhi.

Rimasi stupito e affascinato da questa nuova visione. I miei occhi sembravano specchi di un'anima che si stava aprendo a nuove dimensioni della realtà. Che cosa stava succedendo dentro di me? Era un effetto collaterale dell'LSD o un segno di qualcosa di più profondo?

Continuai a godermi lo spettacolo dell'alba, immerso in una sensazione di pace e di armonia interiore. Quel sole che nasceva simboleggiava per me un nuovo inizio, un risveglio della mia coscienza a nuove possibilità e a nuove consapevolezze.

Piumante

I colori infuocati del cielo incendiavano il mio animo, dipingendolo di sfumature mai viste prima. Un'energia primordiale pulsava dentro di me, come se la mia anima stesse prendendo vita in quell'istante magico. Un senso di adrenalina e stupore pervadeva il mio essere, non solo il mio corpo, ma la mia essenza più profonda.

Era come se fossi rinato, libero dalle catene del passato, pronto ad affrontare il mondo con una nuova consapevolezza e una forza sconosciuta.

Mi sentivo leggero, come una piuma trasportata dal vento, libero di volare verso nuovi orizzonti. Il peso delle preoccupazioni e delle paure si era dissolto, lasciando spazio a un senso di piacevole libertà. Respiravo a pieni polmoni l'aria fresca della sera, assaporando ogni istante con una gioia immensa.

Pronto Per Vivere al Massimo

I miei occhi brillavano di una luce nuova, curiosi di esplorare ogni angolo del mondo che mi circondava. Ogni passo era un'avventura, ogni incontro una scoperta. Il mio cuore era aperto all'amore, alla bellezza e alla gioia.

Ero pronto a vivere la vita al massimo, a cogliere ogni opportunità, a inseguire i miei sogni con tenacia e passione. Niente poteva fermarmi, niente poteva ostacolare la mia corsa verso la felicità. Il mondo era un'immensa tela bianca su cui dipingere la mia storia, un foglio bianco su cui scrivere il mio futuro. Il destino era nelle mie mani, e io ero pronto a forgiarlo con coraggio e determinazione.

La mia anima era finalmente libera, pronta a volare alto nel cielo, a raggiungere vette inesplorate.

CAPITOLO 4
INIZIA IL VIAGGIO FISICO

Un'inquietudine eccitante, un fremito di anticipazione pervadeva il mio essere. Pochi giorni mi separavano dalla partenza per le Isole Canarie, destinazione Lanzarote. Un viaggio che assumeva un significato ben più profondo di una semplice vacanza. Era l'inizio di un nuovo capitolo della mia vita, un'avventura verso l'ignoto che mi entusiasmava e al contempo mi turbava.

Come se una metamorfosi kafchiana avesse avuto luogo dentro di me, mi sentivo trasformato. Non ero più lo stesso uomo di qualche giorno prima. L'alba dai colori infuocati aveva acceso una scintilla dentro di me, risvegliando una forza e una consapevolezza che non sapevo di possedere.

Ero tranquillo, sicuro di me, pronto ad affrontare le sfide che mi attendevano. Il peso del passato si era dissolto, lasciando spazio a una piacevole sensazione di libertà. Il futuro era una tela bianca su cui dipingere la mia storia, un foglio bianco su cui scrivere il mio destino.

La Svolta

Lanzarote rappresentava un punto di svolta, un nuovo inizio. L'isola vulcanica, con i suoi paesaggi selvaggi e la sua energia primordiale, era il luogo perfetto per questa mia rinascita. Lì avrei potuto esplorare nuovi orizzonti, sia fisici che interiori, e dare un nuovo senso alla mia esistenza.

Un'inquietudine eccitante mi accompagnava in questa attesa. Era la trepidazione di chi sa di essere di fronte a un momento importante, a una svolta decisiva. Non sapevo cosa mi avrebbe aspettato a Lanzarote, ma ero certo che sarebbe stata un'esperienza indimenticabile, un viaggio che avrebbe cambiato per sempre la mia vita.

Ero pronto a salpare verso l'ignoto, a imbarcarmi in questa nuova avventura con animo aperto e cuore pulsante.

Gli Ultimi Saluti

I saluti ai miei genitori e agli amici furono carichi di emozione. Un'ultima stretta di mano, un abbraccio caloroso, e un nodo alla gola che tratteneva un misto di trepidazione e nostalgia. In quel preciso istante, il mio inconscio sussurrava all'anima che stava per iniziare il vero viaggio, un'avventura che avrebbe trasformato per sempre il mio essere. La mente razionale, però, non era ancora pronta a comprenderlo appieno.

Le loro parole di incoraggiamento e di affetto risuonavano nelle mie orecchie come una dolce melodia, mentre il loro sguardo pieno di amore mi accompagnava fino al varco della porta. Un ultimo sorriso, un cenno di saluto, e poi il silenzio.

Ero solo, con il mio zaino in spalla e il mondo davanti a me. Un senso di libertà e di vertigine mi pervadeva, come se fossi pronto a spiccare il volo verso l'ignoto. Il viaggio verso Lanzarote era solo l'inizio di un percorso più grande, un viaggio interiore alla scoperta di me stesso.

Vortice Emozionale Pre Partenza

L'inquietudine e l'entusiasmo si mescolavano dentro di me, creando un vortice di emozioni che mi spingeva ad andare avanti, a esplorare nuovi orizzonti.

La mente razionale era ancora incerta, ma il cuore già sapeva. Quel viaggio era il mio destino, un'occasione irripetibile per crescere e per diventare la persona che avrei sempre desiderato essere.

Ogni passo mi avvicinava al mio nuovo io, a quell'uomo che era pronto a sbocciare come un fiore selvatico nella terra vulcanica di Lanzarote.

Train

Il treno scorreva veloce sui binari, mentre il paesaggio italiano si srotolava davanti ai miei occhi.

L'imma ginazione galoppava, libera e felice, dipingendo nella mia mente scenari di gioia e scoperta. Era il mio primo viaggio da solo, e un pizzico di insicurezza pizzicava il mio animo. Mi chiedevo se sarei riuscito ad integrarmi in questa nuova cultura, se la lingua sarebbe stata un ostacolo insormontabile. Piccoli dubbi, ombre passeggere che la mia positività interiore spazzava via con un sorriso.

La consapevolezza che stavo per vivere un'esperienza unica e irripetibile mi dava forza e coraggio. Respiravo a fondo l'aria frizzante che entrava dal finestrino, lasciandomi cullare dal ritmo del treno. Sapevo che avrei incontrato persone nuove, assaporato sapori inediti, esplorato luoghi incantevoli. E la mia positività sarebbe stata la bussola che mi avrebbe guidato in questo viaggio indimenticabile.

Verso il Mistero

Dalla stazione della mia città a Bergamo silensiosamente, cullandomi in un'inquietudine mista a eccitazione.

Era il mio primo viaggio da solo, un'avventura verso l'ignoto che mi riempiva di trepidante paura e allo stesso tempo di incontenibile entusiasmo. L'aeroporto di Milano, con il suo brulicare di persone e il suo frastuono di motori, era un microcosmo di mondi diversi, un punto di incontro tra culture e lingue differenti.

Mentre attendevo il mio volo, osservavo il viavai di persone con un senso di smarrimento e di fascino. Erano tutti diretti verso chissà quale destinazione, con le loro storie e i loro sogni. Io ero solo uno di loro, un piccolo ingranaggio in questa macchina immensa che era il mondo.

Lo stacco da Terra

L'aereo si staccò da terra, librandosi in cielo con un rombo possente.

Le ruote si staccarono dalla pista, lasciando il segno del mio passaggio sulla terraferma. Guardavo fuori dal finestrino, ammaliato dal panorama mozzafiato delle nuvole che si stendevano a perdita d'occhio. Sotto di me, il mondo si rimpiccioliva, diventando un puntino insignificante.

Un senso di vertigine mi pervadeva, un misto di trepidazione e di eccitazione. Ero pronto ad affrontare l'ignoto, a tuffarmi a capofitto in questa nuova avventura. Ma un velo di suspense offuscava la mia gioia. Un tarlo mi rodeva dentro, una domanda che non osavo formularmi.

Cosa mi avrebbe aspettato a Lanzarote? Avrei trovato la felicità che cercavo? Avrei realizzato i miei sogni?

L'aereo fendeva le nuvole come una lama, lasciando dietro di sé una scia bianca e spumosa. Il cielo, di un blu intenso e profondo, si estendeva a perdita d'occhio, mentre la terra sotto di me si rimpiccioliva, diventando un mosaico di colori sfumati. Mentre osservavo il panorama mozzafiato che si dispiegava davanti ai miei occhi, la mia mente era un turbinio di pensieri. Riflettevo sull'esperienza vissuta, sulla metamorfosi interiore che mi aveva trasformato. Quel viaggio, iniziato con un'inquietudine eccitante e salutato con trepidante paura, si stava rivelando un'avventura di scoperta e di crescita. L'alba dai colori infuocati, che aveva acceso una scintilla dentro di me, era ormai un lontano ricordo. Ma la sensazione di rinascita che ne era derivata era ancora viva, pulsante nel mio cuore come una forza motrice. Ero pronto ad affrontare il nuovo con una consapevolezza diversa, con una forza interiore che non sapevo di possedere. Mi interrogavo sul futuro, su cosa mi aspettava in questa nuova terra sconosciuta. Lanzarote, con i suoi paesaggi selvaggi e la sua energia primordiale, era un enigma che attendeva di essere svelato. Un'incognita che mi affascinava e al contempo mi intimidiva.

Quali sfide avrei dovuto affrontare? Quali ostacoli avrei dovuto superare? Quali nuove esperienze mi avrebbero arricchito?

Non lo sapevo. Eppure, in quel momento di quiete sospesa tra le nuvole, sentivo dentro di me una forza invincibile, una fiducia incrollabile nelle mie capacità. Ero pronto a vivere il presente con pienezza, a cogliere ogni opportunità, a inseguire i miei sogni con tenacia e passione. Il viaggio era solo all'inizio, ma la vera avventura era già iniziata dentro di me. Un'avventura che mi avrebbe portato a scoprire nuovi orizzonti, sia fisici che interiori, e a dare un nuovo senso alla mia esistenza.

Appena atterrato mi emozionai, Il boato dei motori si placò gradualmente, lasciando spazio a un silenzio irreale, rotto solo dal canto degli uccelli e dal fruscio delle palme. Un'ondata di aria calda mi avvolse non appena uscii

dall'aeroporto, accarezzandomi la pelle con una carezza inaspettata. I colori vivaci dei fiori, il profumo del mare e la luce intensa del sole mi diedero il benvenuto in questa terra magica.

Respirai a pieni polmoni quell'aria nuova, carica di energia e di promesse. Un brivido di eccitazione percorse la mia schiena, mentre i miei occhi si posavano sul paesaggio vulcanico che si estendeva a perdita d'occhio. Montagne aride e rocciose, crateri spenti e distese di lava si alternavano a spiagge di sabbia dorata e a mare cristallino.

Un panorama surreale, che sembrava uscito da un dipinto.

Il mio primo volo fu un'esperienza normale. Vedere la terra rimpicciolirsi sotto di me, le nuvole trasformarsi in un mare bianco e infinito, mi fece realizzare la vastità del mondo e la mia piccolezza in esso.

L'atterraggio a Lanzarote fu come un tuffo in un'altra dimensione. Il paesaggio vulcanico, arido e brullo, era così diverso da tutto ciò che avevo mai visto prima. L'aria era calda e secca, il sole picchiava forte sulla mia pelle. Mi sentivo spaesato, ma allo stesso tempo stranamente a mio agio.

In quel momento, capii che il viaggio era solo l'inizio. La vera avventura sarebbe iniziata lì, su quell'isola selvaggia e affascinante, dove avrei dovuto confrontarmi con me stesso e con le mie paure, dove avrei dovuto costruire la mia nuova vita.

In quel momento, capii che ero davvero all'inizio di una nuova vita. Un'avventura che mi avrebbe portato a scoprire nuovi orizzonti, a conoscere persone diverse e a vivere esperienze indimenticabili. Ero pronto ad affrontare le sfide che mi attendevano, con il cuore aperto e la mente curiosa.

Lanzarote era una tela bianca su cui avrei dipinto la mia storia, un foglio bianco su cui avrei scritto il mio futuro. Il viaggio era solo all'inizio, ma la vera avventura era già iniziata dentro di me.

Ero solo, con il mio zaino in spalla e un mondo di possibilità davanti a me. Il sole di Lanzarote mi baciava la pelle, il vento caldo mi scompigliava i capelli. In quel preciso istante, capii che il viaggio era solo all'inizio.

Un viaggio fisico, sì, ma soprattutto un viaggio interiore alla scoperta di me stesso, dei miei limiti e delle mie potenzialità.

L'isola vulcanica, con i suoi paesaggi selvaggi e la sua energia primordiale, era lo scenario perfetto per questa mia rinascita. Mi sentivo come un esploratore pronto a conquistare terre inesplorate, a scalare montagne impervie e a navigare mari tempestosi.

Ogni passo che facevo su quella terra sconosciuta era un nuovo capitolo della mia vita. Un capitolo pieno di incognite, di sfide e di opportunità. Ero pronto a scrivere la mia storia, a lasciare il segno nel mondo

L'aria salmastra mi riempiva i polmoni, il profumo dei fiori selvatici mi inebriava. I colori vivaci dell'isola mi davano energia, la sua energia primordiale mi ricaricava. Mi sentivo vivo, più vivo che mai.

Ero pronto a vivere questa nuova esperienza con tutti i sensi,
a immergermi completamente in questa terra magica.

Lanzarote era la mia
nuova casa, il mio nuovo punto di partenza

Guardavo il mare cristallino che si infrangeva sulla spiaggia e
pensavo al futuro. Un futuro pieno di speranza, di sogni e di
ambizioni. Ero pronto a conquistare il mondo, a realizzare i
miei obiettivi e a vivere una vita felice e appagante.

L'avventura era solo all'inizio, ma ero già sulla strada giusta.
La strada che mi avrebbe portato verso la mia felicità.

CAPITOLO 5

COSTA TEGUISE

Il sole di Lanzarote mi accarezzò il viso non appena scesi dall'aereo. Un'ondata di calore e di energia mi pervase, come un abbraccio di benvenuto in questa terra magica. I miei occhi si posarono sul paesaggio vulcanico, arido e affascinante, che si estendeva a perdita d'occhio. Un senso di avventura e di scoperta mi pervase.

Il mio chef, un uomo alto e cordiale con un sorriso rassicurante, era lì ad aspettarmi. Mi salutò calorosamente e mi presentò il suo piccolo staff. In quel momento, capii che ero in buone mani.

Salimmo sulla sua macchina che ci avrebbe portato all' hotel dove avrei lavorato. Il viaggio verso Costa Teguise fu breve, ma intenso. Il sole illuminava le rocce vulcaniche con una luce dorata, creando un contrasto affascinante con il cielo blu intenso.

Conversazioni di cucina e nuovi inizi

Durante il tragitto verso l'hotel, il sole di Lanzarote illuminava il paesaggio vulcanico, creando un'atmosfera surreale. Il mio chef, uomo affabile e dal sorriso contagioso, conversava amabilmente con me di cucina. Era la mia prima esperienza lavorativa, seppur avessi seguito un corso con dedizione. Ero pieno di passione e curiosità, ma anche di insicurezza. Nonostante la mia inesperienza, lo chef vide in me un ragazzo pieno di amore per questo lavoro e mi accolse a braccia aperte. Le sue parole di incoraggiamento mi diedero la fiducia necessaria per affrontare questa nuova avventura.

Inserisci qui il testo del capitolo sei. Inserisci qui il testo del capitolo sei. Inserisci qui il testo del capitolo sei. Inserisci qui il testo del capitolo sei. Inserisci qui il testo del capitolo sei. Inserisci qui il testo del capitolo sei. Inserisci qui il testo del capitolo sei. Inserisci qui il testo del capitolo sei. Inserisci qui il testo del capitolo sei.

All'hotel, fui accolto da un'atmosfera accogliente e familiare. Il personale era gentile e disponibile, pronto ad aiutarmi ad ambientarmi. Le casette bianche, immerse nella vegetazione rigogliosa, mi trasmisero subito un senso di pace e di tranquillità.

Dopo aver sistemato i miei bagagli, mi concessi una passeggiata lungo la spiaggia. La sabbia dorata scivolava sotto i miei piedi, mentre il mare cristallino mi accarezzava le caviglie. Un senso di benessere e di serenità mi pervase.

Ero finalmente a Lanzarote, pronto ad iniziare questa nuova avventura. Il sole, il mare, la terra vulcanica: tutto intorno a me parlava di energia e di vita. Ero pronto a vivere questa esperienza con entusiasmo e a dare il massimo di me stesso.

I primi giorni furono un turbinio di emozioni. L'ambiente lavorativo era nuovo e frenetico, pieno di volti sconosciuti e di ritmi serrati. La paura e l'insicurezza mi attanagliavano, facendomi dubitare delle mie capacità. Mi sentivo come un piccolo pesce in un mare magnum, immerso in un mondo che non conoscevo. Ma dentro di me, una piccola scintilla di speranza ardeva, alimentata dalla mia passione per la cucina.

La metamorfosi era iniziata.

Come un bruco che si trasforma in farfalla, giorno dopo giorno, sentivo sbocciare dentro di me una nuova persona. Le insicurezze che mi attanagliavano si dissolvevano come neve al sole, lasciando spazio a una passione ardente e a un entusiasmo contagioso. L'adattamento al nuovo ambiente era un processo naturale, fluido e inebriante.

Ogni giorno era un'avventura, un'occasione per imparare e crescere. Assorbivo nozioni e tecniche come una spugna assetata, divorando ogni parola e ogni sfumatura della nuova lingua. La mia mente si apriva a nuove possibilità, il mio vocabolario si arricchiva di termini esotici e melodiosi.

Pensare in spagnolo divenne naturale, quasi istintivo. Era come se avessi ricevuto un giocattolo nuovo, un dono prezioso da esplorare e con cui giocare. Ogni sfida, ogni ostacolo superato, alimentava la mia voglia di fare, di conoscere, di immergermi completamente in questa nuova realtà.

Più mi impegnavo, più la soddisfazione e il piacere crescevano dentro di me. La metamorfosi era completa: non ero più solo un viaggiatore, ma un esploratore, un pioniere alla scoperta di un mondo nuovo. E questo mondo, con la sua cultura vibrante e la sua lingua ricca di sfumature, era pronto ad accogliermi a braccia aperte.

CAPITOLO 6
VIVERE A COSTA TEGUISE

Un nuovo inizio

Dopo quei primi giorni difficili, ma necessari per la mia crescita, finalmente spiccai il volo. Uscii dal bozzolo che mi imprigionava, iniziando a prendermi cura di me stesso. Eliminai la barba, come da regolamento del ristorante, e cominciai a dimagrire. Il mio corpo si trasformava, rispecchiando la metamorfosi interiore che stava avvenendo dentro di me. Lanzarote, che all'inizio mi era sembrata triste, si rivelò un'isola magica. I giorni liberi li trascorrevo esplorandola con curiosità, inebriandomi dei suoi colori, dei suoi profumi e della sua energia. Più la vivevo, più mi piaceva vivere.

Le Domande

Cominciai a scrivere un diario, che oggi è la storia che state leggendo. Era il mio modo di fissare su carta le mie emozioni, i miei pensieri e la mia crescita.

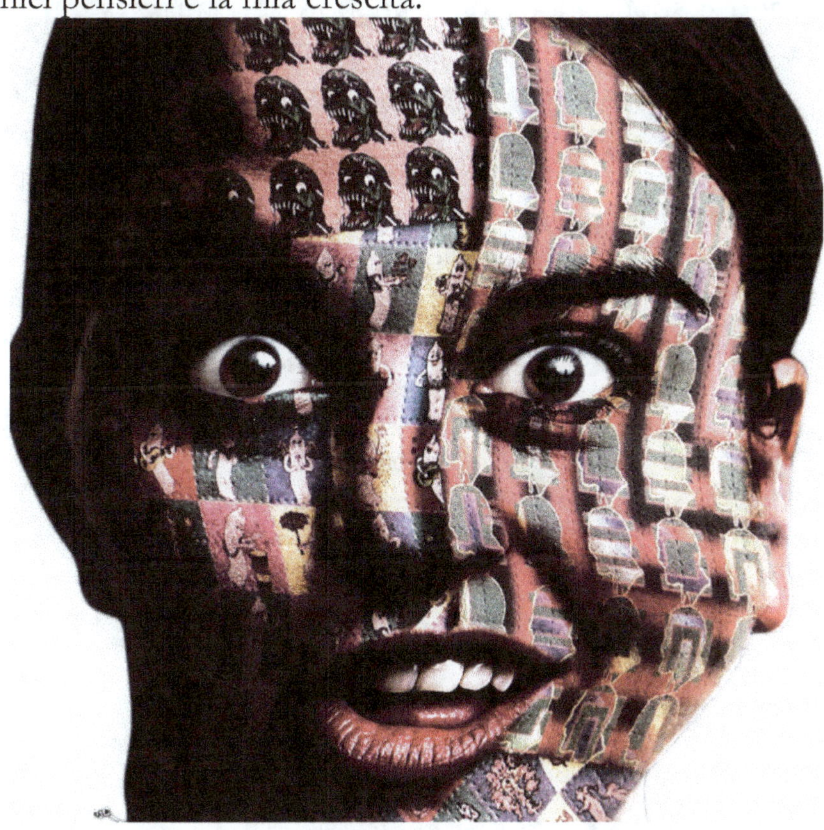

Non ero consapevole di ciò che stava accadendo a livello profondo, ma sentivo di stare crescendo. Ero presente nel qui e ora, godendomi ogni momento con una felicità che aumentava giorno dopo giorno. Ogni esperienza, positiva o negativa, diventava per me un'occasione di crescita. Le analizzavo con attenzione, cercando di trarne insegnamenti preziosi.

Mi interrogavo: era l'effetto dell'LSD o ero semplicemente io che stavo finalmente sbocciando?

Forse era un po' di entrambi. L'LSD aveva aperto un varco nella mia mente, permettendomi di vedere la realtà con occhi nuovi. Ma ero io che stavo facendo il lavoro, che stavo crescendo e sbocciando come un fiore. La mia avventura a Lanzarote era solo l'inizio di un viaggio più lungo, un viaggio alla scoperta di me stesso. Un viaggio che mi avrebbe portato a vivere esperienze indimenticabili, a conoscere persone fantastiche e a crescere come persona. Il futuro era nelle mie mani, ed ero pronto ad affrontarlo con coraggio, determinazione e una newfound sense of purpose.

La Ricerca di Un Equilibrio Interiore

Il viaggio era solo l'inizio. Tra le strade acciottolate e i profumi inebrianti del nuovo paese, da giovane cuoco iniziai a fiorire. La passione per la cucina si incendiava ogni giorno di più, alimentata da una fame insaziabile di apprendimento e sperimentazione. Non solo le pietanze, però, stuzzicavano la mia curiosità: l'animo umano, con le sue infinite sfumature, divennero oggetto di studio e di meditazione.

La ricerca di un equilibrio interiore mi spinse verso la meditazione, una pratica che aprì nuovi orizzonti alla mia mente e al mio cuore. imparai a conoscere me stesso, a esplorare i meandri della mia anima e a coltivare la consapevolezza.

Ogni giorno era un'occasione per migliorarmi, per crescere come persona e come professionista. Il talento innato era solo una parte del quadro: la dedizione, la disciplina e la voglia di fare la differenza erano gli ingredienti segreti del mio successo.

LSD. IL MIO CASTELLO DI SABBIA EMOTIVO : LE AZIONI PSICHEDELICHE DI POTERE TRA LE MOLECOLE DI ALBERT HOFMANN

CAPITOLO 7
IL RITORNO IN ITALIA

Dopo tre mesi intensi, ricchi di lavoro e di gioie, decisi di tornare in Italia. Mi sentivo finalmente vivo, rinato, e la mia esperienza lavorativa all'hotel era stata un successo. Ero diventato il miglior cuoco, un traguardo che mi riempiva di orgoglio e di energia positiva, mi sentivo in pace con l'universo e questo mi rassicurava sulle decisioni che avrei preso per la mia carriera.

L'isola di Lanzarote mi aveva stregato con la sua bellezza selvaggia, le sue spiagge dorate e il suo clima perfetto. Il contratto offertomi era un sogno per molti: un lavoro ben retribuito in un paradiso terrestre. Eppure, dentro di me, un tarlo cominciava a insinuarsi. La tranquillità di quell'isola paradisiaca, che all'inizio mi aveva attratto, ora iniziava a starmi stretta. Le mie ambizioni crescevano come rampicanti, spinte da un'irrefrenabile voglia di mettermi alla prova, di superare i miei limiti e di raggiungere nuovi traguardi.

L'idea di una vita tranquilla sull'isola, cucinando per turisti annoiati, non mi bastava più. Il mio palato, ormai abituato a sapori intensi e a pietanze creative, desiderava di più. Sognavo di entrare nel mondo stellato della cucina, di confrontarmi con i migliori chef del mondo e di creare piatti che fossero vere e proprie opere d'arte.

Percorso a ostacoli

Era una sfida ambiziosa, lo sapevo. Un percorso irto di ostacoli e di sacrifici. Ma la tenacia e la passione che bruciavano dentro di me erano più forti di qualsiasi timore. Sentivo che era giunto il momento di spiccare il volo, di lasciare il nido sicuro dell'isola e di volare verso nuovi orizzonti.

Lanzarote mi aveva dato tanto, ma ora era tempo di andare avanti. Con un pizzico di timore reverenziale e tanta determinazione, decisi di chiudere la porta della mia cucina sull'isola e di intraprendere un nuovo viaggio. Un viaggio che mi avrebbe portato lontano, verso le stelle della gastronomia internazionale.

Il fuoco dentro di me

Ma dentro di me bruciava un altro desiderio, un fuoco inestinguibile che ardeva con la stessa intensità della mia passione per la cucina: il desiderio di raccontare al mondo le esperienze vissute, l'incredibile viaggio interiore che l'LSD aveva innescato. Volevo condividere la mia storia, la mia metamorfosi, con la speranza di ispirare altri a seguire i propri sogni.

Era un'esigenza impellente, un bisogno quasi magico di trasmettere la bellezza e la complessità del mio percorso. Le parole fluivano dalla mia penna come un fiume in piena, raccontando di paesaggi interiori inesplorati, di visioni caleidoscopiche e di una profonda connessione con l'universo.

Sapevo che non sarebbe stato facile. La mia storia era controversa, un viaggio in un mondo spesso considerato tabù. Ma la mia voce era determinata a farsi sentire, a rompere le barriere del conformismo e a spalancare le porte a nuove possibilità.

Con la magia della scrittura, speravo di accendere la scintilla della curiosità e dell'introspezione negli animi di chi mi avrebbe letto. Volevo che le mie parole aprissero nuovi orizzonti di consapevolezza e di libertà, invitando a esplorare i meandri della mente e del cuore senza paura.

Un Arrivederci Non Un Addio

Salutai Lanzarote con un sorriso malinconico e un pizzico di trepidante eccitazione. Non era un addio, ma un arrivederci. L'isola magica mi aveva cambiato per sempre, lasciandomi un segno indelebile nell'anima. Le sue spiagge dorate, i suoi vulcani selvaggi e il suo clima perfetto erano ormai parte di me, un'eredità preziosa che avrei portato con me ovunque fossi andato.

Le esperienze vissute su quell'isola paradisiaca avevano acceso una scintilla dentro di me, un fuoco inestinguibile di passione e di speranza. L'LSD aveva aperto le porte a una nuova consapevolezza, una profonda connessione con me stesso e con l'universo che mi circondava. Avevo imparato a vivere con pienezza e gioia, ad amare con intensità e a credere in me stesso con incrollabile fiducia.

La Culla Della Metamorfosi

Lanzarote era stata la culla della mia metamorfosi, un luogo di rinascita e di trasformazione. Ora ero pronto a volare verso nuovi orizzonti, a inseguire i miei sogni con tenacia e determinazione. Il futuro era un foglio bianco su cui avrei dipinto la mia storia, una storia di coraggio, di avventura e di amore per la vita.

Un senso di felicità pervadeva il mio cuore. Sapevo che il viaggio sarebbe stato lungo e impegnativo, ma ero fiducioso nelle mie capacità e nella mia forza interiore. Avevo imparato a superare le difficoltà e a trasformare gli ostacoli in opportunità di crescita.

L'isola mi aveva insegnato ad ascoltare il mio intuito e a seguire la mia voce interiore. Non avrei mai più permesso a nessuno di spegnere la mia luce o di ostacolare il mio cammino. Ero pronto a conquistare il mondo, a lasciare il mio segno e a fare la differenza.

Una volta in Italia la mia mente era finalmente libera da negatività e dubbi, pronta ad affrontare nuove sfide.

Cominciai a lavorare in altri ristoranti, apprendendo con avidità nuove tecniche e perfezionando le mie abilità. Ogni traguardo raggiunto, ogni piatto cucinato con passione, era una conferma della mia crescita e del mio talento. La mia felicità era contagiosa, e la mia cucina ne era il riflesso.

Deciso a raggiungere l'eccellenza, mi iscrissi ad un'Università di Alta Cucina. L'ambiente stimolante e i professori esperti alimentarono la mia passione, spingendomi a superare ogni limite. Il diploma conseguito con il massimo dei voti fu un attestato della mia dedizione e del mio talento.

La Chiave Della Creatività

Lanzarote fu una svolta. Un'isola magica che aprì la mia mente a nuove possibilità e liberò la mia creatività come un fiume in piena. I blocchi mentali che mi imprigionavano si dissolsero come neve al sole, lasciando spazio a un'infinità di idee e intuizioni.

Era come se un velo fosse stato strappato via. I colori del mondo sembravano più vividi, i sapori più intensi, le emozioni più profonde. Tutto era fonte di ispirazione, un invito a sperimentare e a creare.

In cucina, la mia ritrovata libertà si traduceva in piatti innovativi e sorprendenti. Non mi limitavo più alle vecchie ricette, ma osavo accostamenti inediti, giocavo con le consistenze e le temperature, esploravo nuovi sapori e culture.

Creatività Senza Confini

La mia creatività non aveva più confini. Ogni giorno era un'avventura culinaria, un viaggio alla scoperta di nuovi orizzonti gastronomici. Il successo non tardò ad arrivare: i clienti apprezzavano la mia originalità e il mio entusiasmo, e la mia fama cominciò a crescere.

Ma la cosa più importante era la mia felicità. Sentivo finalmente di aver trovato la mia strada, di poter esprimere me stesso attraverso la mia passione. La cucina era diventata la mia tela, i piatti le mie opere d'arte.

Lanzarote mi aveva donato la chiave della mia creatività. Un dono prezioso che avrei custodito per sempre, con la promessa di continuare a esplorare, a sperimentare e a stupire.

In fondo, la creatività è come un muscolo: più la si usa, più si rafforza. E io ero determinato ad allenarla ogni giorno, per farla diventare la mia forza più grande.

Il Sapore Della Libertà

Come chef, la mia creatività è fondamentale. È ciò che mi permette di inventare nuove ricette, di sperimentare con sapori e ingredienti diversi, di creare piatti che non solo nutrono il corpo, ma anche l'anima.

L'esperienza con l'LSD ha ampliato la mia tavolozza di colori, ha dato nuova linfa alla mia immaginazione culinaria. Ora vedo il mondo con occhi nuovi, e questo si traduce nei miei piatti. Le mie creazioni sono più armoniose, più equilibrate, più complete.

L'LSD non è una droga per tutti. È una sostanza potente che va usata con cautela e rispetto. Ma per me è stato un dono prezioso, una chiave che mi ha aperto la porta a un nuovo livello di consapevolezza e di creatività.

Non posso negare il ruolo dell'LSD nel mio percorso di crescita. L'esperienza psichedelica ha aperto un varco nella mia mente, permettendomi di vedere il mondo con nuovi occhi e di liberarmi da schemi mentali limitanti. Ha acceso una scintilla di creatività che ha incendiato la mia passione per la cucina e per la vita

Eppure, la creatività è una componente fondamentale dell'essere umano. È la linfa vitale che alimenta l'innovazione, la scoperta e la gioia di vivere. Senza di essa, la nostra esistenza si tinge di grigio, monotonia e routine.

L'LSD, in questo contesto, può assumere il ruolo di un catalizzatore, capace di risvegliare la parte "colorata" del cervello sopita. Come un direttore d'orchestra esperto, può armonizzare le due entità, permettendo loro di danzare insieme in una sinfonia di intuizione, logica e bellezza.

Inno alla Felicità

La mia storia è un inno alla felicità. Non una felicità effimera e passeggera, ma una felicità profonda e radicata, frutto di un lungo percorso di crescita e di consapevolezza. È la dimostrazione che, con perseveranza e dedizione, è possibile superare qualsiasi ostacolo e realizzare i propri sogni.

L'LSD ha avuto un ruolo importante nel mio percorso. Ha aperto le porte a nuove dimensioni della mia mente e del mio cuore, permettendomi di vedere il mondo con occhi nuovi e di conoscere me stesso più a fondo. Ma il vero artefice del mio successo sono io. Sono io che ho avuto la forza di affrontare le mie paure, di superare i miei limiti e di perseverare nei miei obiettivi.

La felicità non è un traguardo che si raggiunge una volta per tutte. È un viaggio continuo, fatto di alti e bassi, di sfide e di conquiste. È un impegno quotidiano a coltivare il proprio benessere interiore, a nutrire le proprie passioni e a costruire relazioni positive con gli altri. **Nel mio viaggio ho imparato tanto.** Ho imparato a vivere con pienezza e gioia, ad amare con intensità e a credere in me stesso con incrollabile fiducia. Ho imparato che la felicità non è una destinazione, ma un percorso da vivere con coraggio e autenticità.

La mia storia è un invito a tutti a cercare la propria felicità. Non esiste una ricetta universale, perché la felicità è un concetto soggettivo e personalissimo. Ma ci sono alcuni principi universali che possono aiutarci a trovare la nostra strada

ECCO ALCUNI PRINCIPI FONDAMENTALI DA POTER SEGUIRE.

Principi Fondamentali

Ascoltare il proprio intuito: La voce interiore è la nostra bussola più affidabile. Impariamo a seguirla con fiducia, anche quando ci porta fuori dalla nostra zona di comfort.

Perseguire i propri sogni: Non importa quanto grandi o piccoli siano, i nostri sogni sono la linfa vitale che alimenta la nostra anima. Non permettiamo a nessuno di spegnerli.

Coltivare la gratitudine: La gratitudine per ciò che abbiamo è un potente antidoto contro la negatività e l'insoddisfazione. Impariamo ad apprezzare le piccole cose della vita.

Aiutare gli altri: Aiutare il prossimo non solo ci fa stare bene, ma ci rende anche persone migliori. Condividiamo la nostra felicità con chi ne ha bisogno.

Un sogno che diventa realtà: la mia storia di successo

L'evoluzione di una carriera

Nel corso degli anni, la mia carriera professionale ha conosciuto un'evoluzione inarrestabile. Dopo aver acquisito esperienza nei migliori ristoranti del mondo, ho deciso di mettere il mio talento al servizio degli altri, diventando professore di cucina in rinomate strutture. Trasmettere la mia passione e le mie conoscenze alle nuove generazioni è una fonte di grande soddisfazione e arricchimento personale.

La consapevolezza delle sfide

Sin da bambino, ho sempre seguito la mia passione per la cucina, consapevole delle insidie e delle sfide che questo mestiere comporta. Sacrifici, dedizione e una sana dose di follia sono gli ingredienti necessari per emergere in un mondo tanto competitivo.

La mia forza è la mia mente creativa, che mi permette di sperimentare e innovare in cucina, dando vita a piatti unici e sorprendenti. Il divertimento è un elemento fondamentale del mio lavoro: alleggerisce la fatica fisica e mi permette di esprimere al meglio la mia personalità.

RINGRAZIAMENTI

Un messaggio di speranza e perseveranza

La mia storia è un esempio di come, con perseveranza e dedizione, sia possibile realizzare i propri sogni. Non importa da dove venite o quali sono le vostre circostanze: se avete una passione, coltivate la con tenacia e non arrendetevi mai. Il successo è a portata di mano per chi crede in se stesso e nelle proprie capacità.

La mia ricetta per il successo

La mia ricetta per il successo è semplice:

- **Passione:** Amate ciò che fate e metteteci il cuore.
- **Dedizione:** Siate disposti a sacrificare e a lavorare duramente.
- **Creatività:** Non abbiate paura di sperimentare e di uscire dagli schemi.
- **Perseveranza:** Non arrendetevi mai, nemmeno di fronte alle difficoltà.
- **Divertimento:** Godetevi il viaggio e non prendetevi troppo sul serio.

Con questi ingredienti, il successo è a portata di mano.

Grazie per aver seguito la mia storia.

Spero che vi abbia ispirato a seguire i vostri sogni.

SIETE PRONTI A VARCARE LA SOGLIA?